COLLÈGE DE JUILLY

ACADÉMIE MALEBRANCHE

DISCOURS PRONONCÉ

PAR

M. LÉON OLLÉ-LAPRUNE

Maître de Conférences à l'École normale supérieure

A LA SÉANCE SOLENNELLE DE CLÔTURE

LE DIMANCHE 10 JUILLET 1887

PARIS

IMPRIMERIE D. DUMOULIN ET Cⁱᵉ

5, RUE DES GRANDS-AUGUSTINS, 5

1887

COLLÈGE DE JUILLY

ACADÉMIE MALEBRANCHE

DISCOURS PRONONCÉ

PAR

M. LÉON OLLÉ-LAPRUNE

Maître de Conférences à l'École normale supérieure.

A LA SÉANCE SOLENNELLE DE CLÔTURE

LE DIMANCHE 10 JUILLET 1887

PARIS

IMPRIMERIE D. DUMOULIN ET Cⁱᵉ

5, RUE DES GRANDS-AUGUSTINS, 5

1887

ACADÉMIE MALEBRANCHE

ÉLOGE DE MALEBRANCHE

« L'autre jour que j'étais couché à l'ombre, je m'avisai de remarquer la variété des herbes et des petits animaux que je trouvai sous mes yeux [1]. » Ainsi commence, Messieurs, une page charmante écrite il y a deux cents ans, et ici même, je le crois. Cette ombre, c'est celle d'un des grands arbres de ce parc. Cherchez un endroit bien calme, choisissez l'une de ces heures, — je cite, il sera facile de s'en apercevoir, — l'une de « ces heures où l'on ne peut pas s'appliquer à la lecture et aux autres choses que Dieu demande de nous [2] ». Et puis dites-vous que nous sommes, non pas en 1887, mais bien en 1687 : vous rencontrerez dans cette allée solitaire un penseur, on disait plutôt alors un *méditatif*, et j'aime le vieux mot : il a je ne sais quoi de modeste, de discret, et il marque bien l'attitude qui convient à l'homme devant la Vérité. Le méditatif par excellence, l'auteur de *la Recherche de la Vérité*, vient de former le dessein d'un nouvel ouvrage, et pour y travailler plus

1. *Entretiens sur la métaphysique et la religion*, X, 2.
2. Lettre de Malebranche, *Corresp. inéd.* publiée par M. l'abbé Blampignon à la suite de son *Étude sur Malebranche*, p. 21.

librement, il va se retirer à Raroy. C'est sa coutume quand il veut écrire. En passant, il s'est arrêté à Juilly. C'est sa coutume aussi [1]. Vous devinez bien que toute la matinée il a prié et travaillé. « Travail désolant. » C'est lui qui parle. « C'est se sacrifier, c'est s'enterrer tout vivant, que d'écouter, mais sans cesse, et sa raison et sa foi [2]. » Travail indispensable, et qui procure de « solides joies ». « Pour gagner la vie de l'esprit, il faut travailler de l'esprit. Ceux qui ne peuvent se résoudre à gagner à la sueur de leur front le pain de l'âme, n'en connaîtront jamais la saveur [3]. » Mais il faut bien s'accorder quelque relâche. Nous sommes en été, après le repas de midi : notre philosophe se délasse. On a causé, et gaiement. Il a même consenti à donner quelque échantillon de ce qu'il aurait pu faire s'il avait voulu faire des contes, et tout le monde se dit qu'ils auraient été plus plaisants que la plupart de ceux qu'on a donnés au public. Toutefois, la conversation ordinaire l'ennuie quand elle se prolonge, car il ne met que bien peu d'intérêt aux nouvelles et aux sujets que l'on traite. Au contraire, il ne s'ennuie jamais lorsqu'il est seul [4]. Le voilà donc qui s'enfonce dans le parc. Il a

---

1. *Vie du P. Malebranche par le P. André*, publiée par le P. Ingold, p. 180-183. — *Mémoires du P. Le Long*, dans les *Fragments de philosophie moderne* de Victor Cousin, 3ᵉ édit., t. II, p. 487. — *Mémoires du P. Adry*, la *Vie privée du P. Malebranche*, publiée par le P. Ingold à la suite de l'ouvrage d'André, p. 405 et suivantes.

2. *Méditations chrétiennes*, XII, 10.

3. *Traité de Morale*, I, v, 9 et 10.

4. Adry, *loc. cit.*

trouvé un coin tranquille et frais. Il va examiner les
ouvrages de Dieu, étudier les animaux, les plantes,
les insectes [1]. Que de beauté! que de magnificence
sur la tête d'une simple mouche[2]! Ces ajustements,
ces aigrettes, ces couronnes, et surtout ces propor-
tions si justes et tant de ressorts délicats ramassés en
un si petit espace et faisant leur office avec une si
exacte perfection : c'est un merveilleux spectacle.
Ces petits animaux, ces atomes vivants [2], « le com-
mun des hommes les méprise. Mais il se trouve des
gens qui les considèrent. Apparemment, les anges
même les admirent [4] ». Et notre méditatif prend un
de ces insectes, dont il ne sait pas le nom et qui peut-
être n'en a pas. Il regarde avec attention, avec com-
plaisance, avec respect. Puis il se met à lire un livre
qu'il a sur lui. C'est la lettre de M. de Leuwenhoeck
à M. Wren. Il s'arrête, étonné. Il a lu « qu'il y a dans
le monde un nombre infini d'insectes pour le moins
un million de fois plus petits que celui qu'il vient de
considérer, cinquante mille fois plus petits qu'un
grain de sable [3] ». Un jour, quand retiré dans sa
chambre il essayera de décrire ce qu'il nomme « les
démarches majestueuses [6] » de la Providence, ce qu'il
a vu sous l'arbre reviendra, non pas le distraire, mais
l'aider dans son effort pour exprimer d'une ma-

1. Lettre de Malebranche, citée plus haut.
2. *Recherche de la Vérité*, I, vi, 2.
3. *Entret. métaph.*, X, 2.
4. *Entret. métaph.*, XI, 12.
5. *Entret. métaph.*, X, 2.
6. *Entret. métaph.*, X, 1.

nière nette les vérités abstraites. Il les rend toujours le plus sensibles qu'il peut, car il faut bien
soutenir l'attention. Mais il appréhende les trop
vives images, elles troublent l'esprit ; les trop grands
spectacles, ils l'abattent et le prosternent ; et alors le
sensible, au lieu de mener à l'intelligible, en dé-
tourne. Avec les insectes, il n'y a rien à craindre[1].
L'esprit se repose à les contempler, et en se délas-
sant il s'instruit encore ; et le souvenir de ces con-
templations paisibles se retrouve dans les écrits du
philosophe pour procurer à ceux qui méditeront à
sa suite un secours semblable et une semblable jouis-
sance. Les *Entretiens sur la métaphysique et la religion*, écrits en 1687, publiés en 1688, ont été compo-
sés à Raroy. La page du dixième entretien, que
nous venons de relire ensemble, appartient à Juilly,
n'est-ce pas, Messieurs, vous n'en doutez point, et,
après deux cents ans, elle apporte au lecteur un
souffle qui vient d'ici et comme une discrète et saine
odeur de prairies et de bois. Ne pourrait-on pas l'ins-
crire au pied de ce marronnier superbe :

> Ce marronnier géant que planta Malebranche,

et qui aujourd'hui

> Offre aux fronts de quinze ans sous son orbe abrités
> La robuste verdeur de ses deux cents étés[2] ?

Mon Dieu ! Messieurs, que Juilly est heureux ! Juilly
a la bonne fortune d'avoir un passé, et Juilly a le bon

1. *Entr. mét.*, X ; *Rech de la Vér.*, I, vi.
2. Vers du R. P. Largent, lus à un banquet à Juilly.

sens et le bon goût d'y tenir, de s'en faire honneur. Cela devient rare. Tout ce qui a marqué dans cette Maison, maîtres ou élèves, amis ou hôtes illustres, y retrouve l'hommage des générations nouvelles. Vous voulez réunir ici vos meilleurs et vos plus grands devanciers, leur faire fête, et les fixer parmi vous à jamais. Vous pensez que le commerce de ces nobles morts est vivifiant; et grâce au nouvel Oratoire, à ses chefs éminents, au Supérieur si habile, si distingué et si aimé de ce collège[1], et à ses collaborateurs, grâce au jeune et infatigable érudit que l'on pourrait appeler le surintendant de vos gloires[2], une galerie se forme, vraie galerie de souverains. Parmi ceux qui ont foulé le sol de Juilly, beaucoup ont été rois, rois dans l'ordre de l'esprit : ceux-là, vous voulez qu'ils demeurent au milieu de vous, et pour cela vous demandez à l'art de reproduire leurs traits, et le jour où une image de plus vient s'offrir à vos regards, vous voulez qu'une parole sincère vienne à l'aide de l'histoire interpréter le muet langage du marbre. C'est moi qui ai été choisi pour vous parler de Malebranche, je me trompe, pour le faire parler. Permettez-moi de vous dire, Messieurs, d'abord pourquoi j'ai accepté, et ensuite ce qui m'embarrasse.

Le commerce intime que j'ai eu avec Malebranche autrefois, — vous venez de le rappeler, Monsieur le Président, avec une trop affectueuse indulgence et en des termes qui me confondent, — a paru à M. le

1. Le R. P. Olivier.
2. Le R. P. Ingold.

Supérieur un titre qui me désignait à l'honneur d'être où je suis en ce moment, à côté du philosophe, membre de l'Université comme moi, et comme moi ami de l'Oratoire, qui a si bien raconté la vie de Bérulle et si bien parlé de la philosophie de Bossuet. Je ne rappelle parmi ses écrits que ceux qui ont quelque rapport avec Juilly[1]. Pour moi, c'est la reconnaissance qui m'a décidé à ne point me dérober à cet honneur. Je dois tant à Malebranche que je me serais reproché même une minute d'hésitation. Après je me suis dit que beaucoup d'autres eussent mieux rempli cette tâche, mais la gratitude m'avait fait un devoir de l'accepter. Depuis le jour déjà lointain où un de mes maîtres, dont je me plais à prononcer le nom respecté et aimé, M. Charles Lévêque, m'a invité à une étude particulière de Malebranche, Malebranche ne m'a fait que du bien. Songez, Messieurs, à ce qu'il y a d'excellent pour un jeune esprit dans une respectueuse familiarité avec un auteur, avec un homme de cet ordre. Et puis c'est lui qui m'a comme donné le droit de cité dans la république des philosophes. C'est avec sa recommandation, et comment dirai-je ? grâce à quelque rejaillissement de l'éclat de son nom, que je suis entré dans le haut enseignement. Je puis bien dire qu'il m'a introduit à l'École normale, à cette école que j'aime tant, puisque, avant d'y entrer, je ne m'étais encore occupé que de lui. Je lui dois d'autres

1. M. Nourrisson, membre de l'Institut, professeur au Collège de France, président de cette séance d'inauguration du buste de Malebranche.

honneurs et d'autres joies. C'est lui qui m'a conduit à l'Oratoire.

Il faut que je vous conte cela. Je venais chercher quelques documents, je venais demander des nouvelles de cette *Vie de Malebranche* par le P. André que le P. Ingold a découverte depuis et donnée au public. J'ai trouvé, au lieu de papiers relatifs à Malebranche, la vivante tradition des vertus dont il avait autrefois donné l'exemple; j'ai trouvé des hommes à la fois antiques et nouveaux, ouverts à toutes les saines curiosités, accessibles à toutes les belles passions, attentifs à tous les vrais besoins de ce temps, et avec cela simples, modestes, laborieux, pieux comme au temps de Malebranche. Cette petite maison de la rue du Regard faisait revivre sous mes yeux l'Oratoire de la rue Saint-Honoré. J'y eus bientôt des amis. Parmi ceux qui sont partis de ce monde, je veux nommer le vénérable, l'excellent Père de Valroger. Je le vois encore avec cette politesse d'autrefois, avec cette physionomie franche, avec cette bonté si simple et si vraie, venant à moi un livre à la main : il voulait que pendant quelques heures au moins j'eusse en ma possession une relique de Malebranche, ce Nouveau Testament grec qui ne le quittait jamais. Quelle gracieuse attention! J'ai donc tenu entre mes mains le précieux livre, j'ai lu les pages où une trace laissée par les doigts de l'illustre lecteur semblait marquer une préférence. Et quand j'ai remis au Père de Valroger le dépôt qu'il m'avait confié, j'avais un ami de plus : entre lui et moi s'était formée une de ces « amitiés raisonnables et chrétiennes » que Malebranche a connues et dont il a si bien parlé[1]. La mort seule du Révérend Père y devait mettre fin.

Je ne nommerai point les vivants, mais je me félicite trop de les connaître personnellement, grâce à Malebranche, pour ne point les saluer en le remerciant. Sans lui, j'aurais goûté en des livres et en des discours l'heureuse justesse d'esprit de celui-ci, la fine délicatesse de celui-là. Grâce à lui, j'ai fait l'expérience de l'une et de l'autre. Là, j'ai vu de près, dans une robuste vertu et dans une intelligence droite, cette façon saine de penser, de sentir, d'être, qui commence à se faire si rare ; et j'y ai trouvé jointe une cordiale bonté dont ni livres, ni conférences n'eussent réussi à me donner la parfaite idée[2]. Ici j'ai savouré la grâce exquise d'un esprit souple, varié, théologien, prédicateur, écrivain, touché du souffle poétique, Juilly en sait quelque chose, hôte et ami, peut-on dire, des meilleurs auteurs du grand siècle, et visiteur charmé des meilleurs de ce temps-ci : j'ai admiré dans sa vive conversation la surprenante fidélité d'une ample et alerte mémoire qui jette en un court espace tant de choses et d'idées ; et à son regard, à l'étreinte de sa main, j'ai compris, j'ai senti que la ténacité de ses souvenirs n'est que l'effet de la ténacité de ses amitiés[3].

1. *Lettres de Malebranche à André*, novembre 1707 et 2 janvier 1708. *Convers. chrét.* ; *Entr. sur la mort*, et *Traité de morale*, II, XIII, 11-12.
2. Le R. P. Lescœur.
3. Le R. P. Largent.

Sans Malebranche encore, j'aurais vu de loin, entendu de loin le successeur de Bérulle et de Condren[1], l'héritier de Massillon, héritier plus grand que l'ancêtre[2]. Grâce à Malebranche, je donne, avec tout le respect possible et avec toute la tendresse possible, le nom d'ami et au saint vieillard et au grand évêque. C'est de près que je jouis, laissez-moi employer ce mot, des trésors de la nature et de la grâce en des hommes où je trouve réunis, avec des caractères d'ailleurs différents, la droiture, l'autorité, le calme, la bonté, la politesse noble et enjouée, tout cela à la façon du vieil Oratoire, et avec cela l'intelligence du temps présent et l'ardeur militante et sagement intrépide pour résister au mal et le vaincre par le bien, dans le bien. *Noli vinci a malo, vince in bono malum.*

Je vous ferais injure, Messieurs, si je vous demandais pardon d'une apparente digression. Aussi bien j'ai appris de Malebranche lui-même que, s'il faut se faire un ordre pour se conduire, il est permis néanmoins de tourner la tête lorsque l'on marche, si l'on trouve quelque chose qui mérite d'être considéré[3]. Volontiers je tournerais encore la tête, et continuant la liste des obligations que j'ai à Malebranche, je me plairais à vous conter toutes les relations nouées

1. Le T. R. P. Petetot, supérieur général, pendant plus de trente ans, de l'Oratoire de France rétabli par lui, aujourd'hui supérieur général honoraire.
2. Mgr Perraud, évêque d'Autun, membre de l'Académie française.
3. *Rech. de la Vér.*, IV, XIII, 2.

entre les Oratoriens et moi ; je vous dirais mes rapports avec l'école Massillon, et avec son éminent et très aimable Supérieur, en qui nous saluons maintenant le vicaire général de l'Oratoire [1] et que nous sommes heureux de voir ici à la droite du président de cette séance ; je rappellerais une première visite à Juilly, il y a treize ans, dans des circonstances qui m'en rendent le souvenir particulièrement doux [2], et je reviendrais à la fête présente en me réjouissant d'avoir gagné ces jours-ci deux nouvelles et précieuses amitiés [3]. Voir les Pères de l'Oratoire, causer avec eux, c'est devenir leur ami... Mais je m'arrête, car si tout ceci se répandant en mon discours venait à le remplir, il se trouverait qu'à force de rendre grâces à Malebranche des biens que je lui dois, le temps me manquerait pour lui rendre l'hommage que je suis chargé de lui présenter.

Mais non, Messieurs, je ne perds pas de vue mon sujet. Le meilleur moyen d'honorer celui dont nous contemplons le buste, c'est de traduire ce que ce beau marbre dit à sa manière, et le P. Malebranche, revenant ici parmi vous en juillet 1887, doit, tout en se montrant à vous tel qu'il était en 1687, vous faire entendre une parole qui soit pour vous, jeunes hommes de ce temps, une lumière et une force. Si

---

1. Le R. P. Nouvelle.

2. M. Saint-René Taillandier, de l'Académie française, présidait en 1874 la distribution des prix du collège de Juilly.

3. Le R. P. Olivier, supérieur du collège, et le R. P. Thédenat, ancien supérieur.

j'ai commencé à vous le montrer dans son vrai caractère, je vous ai préparés à le mieux écouter. Si ensuite je vous ai fait comme saisir et toucher la per-
pétuité d'un même esprit dans l'Oratoire depuis deux
siècles, c'est encore vous disposer à ne pas considérer l'illustre mort, objet de cette fête, comme un
revenant, comme un fantôme, glorieux sans doute,
mais sans rapport réel avec vous. On le défigure si
on le confine dans son temps et dans son système.
Les très grands esprits ont une merveilleuse façon
de se survivre, le don de s'étendre à des temps qu'ils
n'ont pas connus, qu'ils n'ont pas prévus. Malebranche est de ceux-là, et en faisant paraître autour
du grand Oratorien du dix-septième siècle ses con-
frères du dix-neuvième, je n'ai point failli à ma
tâche : c'est bien son éloge que je fais depuis le
commencement.

Mais voici, Messieurs, ce qui m'embarrasse. Faire
l'éloge de Malebranche, c'est lui déplaire. Cette
image, qui le rend présent ici, m'invite à me taire
tout en m'invitant à parler. Le voilà, avec ce grand
air noble, simple, fier, avec le regard légèrement in-
cliné non vers la terre, mais vers cet intérieur de
l'homme où la méditation trouve un monde, le monde
intelligible, et Dieu. Sa lèvre fine a bien des fois
ébauché des sourires dont la grâce piquante eût été
presque cruelle si la charité ne les eût tempérés :
les satires que nous admirons dans la *Recherche de
la Vérité* en témoignent assez. Il me semble que ce
buste va s'animer, et que Malebranche nous prenant

en pitié, vous et moi, Messieurs, des reproches comme
ceux-ci vont tomber de cette bouche :

« A quoi perdez-vous votre temps et votre esprit ? Il
ne faut pas tant s'occuper d'une créature. Vous aviez
mon image, par une ruse de mes amis. Un jour que
je croyais avoir affaire à un mathématicien, je ne vis
pas que pendant qu'il me proposait des difficultés et
qu'il écoutait mes réponses, il attrapait mon air par
surprise. J'avais remarqué seulement que personne
ne m'avait envisagé de la sorte. On me supplia de lui
accorder, non pas deux séances, mais deux entrevues
pour corriger son premier travail. J'eus la complai-
sance d'y consentir. Une autre fois, deux ans avant
ma mort, cédant aux sollicitations d'un ami, je me
laissai tirer par Santerre[1]. Vous avez ce portrait.
N'est-ce donc pas assez ? N'est-ce pas trop ? Laissez
un artiste de talent[2] faire du don de Dieu un plus
utile emploi. Et vous, Monsieur, — ceci est pour moi
— ne fouillez ni mes livres ni les mémoires de mes
amis pour y chercher la forme et le tour de mon esprit. Qu'importe tout cela ? Les histoires sont rem-
plies de curiosités vaines. Mieux vaut consulter, à
mon exemple, et, si vous le voulez, avec mon aide,
la souveraine raison que de perdre le temps à se ren-

1. Voir Cousin, *Fragments de Philos. mod.*, t. II, 5ᵉ édit.,
p. 486-487. (Note du P. Le Long aux *Remarques sur la vie du R. P.
Malebranche*, recueillies par le conseiller Chauvin) et le P. Ingold,
Vie du P. Malebranche, p. 413-415.

2. M. Debrie, auteur de la statue de Malebranche qui orne le
nouvel Hôtel de ville de Paris, et du buste inauguré aujourd'hui
à Juilly.

seigner sur les détails de ma vie. Croyez-le, c'est détourner à des choses futiles le temps et l'esprit que Dieu donne pour de plus grands usages. »

Je l'avoue, Messieurs, ce discours me fait peur, et plus que le discours, l'air, le regard, le sourire. J'essaye cependant de reprendre mes esprits, et je réponds respectueusement :

Pardon, mon Père. Vous avez paru condamner bien des choses comme inutiles, que vous n'avez point condamnées en effet, parce que vous n'avez point dans vos principes de quoi les condamner. Que vous redoutiez la faiblesse humaine et les écueils de la vanité, à la bonne heure; mais pour vous-même vous n'avez plus rien à appréhender de ce côté-là. Que vous mettiez les hommes en garde contre les excès d'une érudition indiscrète, fort bien encore; et avec quel plaisir ne relisons-nous pas telle page, où vous raillez avec une si heureuse verve ces érudits qui connaissent la généalogie des rois d'Assyrie et toutes les rues de la vieille Rome, et qui ignorent le nom du prince qui gouverne leur pays et ne savent pas se conduire dans les rues de la ville qu'ils habitent! Mais, à prendre les choses dans leur idée, vous ne pouvez trouver mauvais que l'art s'applique à reproduire vos traits ni que l'histoire essaye de connaître votre esprit et votre âme. Je vais vous le prouver par vos principes.

Vous avez compris ce qu'est l'art quand vous avez dit que le sensible doit servir à représenter l'intelligible, et vous-même en écrivant vous avez cherché.

vous avez demandé au Maître des esprits des expressions non seulement « claires et véritables » mais « vives et animées » où resplendit quelque chose de cette souveraine beauté de l'ordre qui pénètre et gagne les cœurs [1]. D'autre part, vous n'avez pas dédaigné de considérer les détails de l'organisation d'un moucheron. Vous en avez contemplé avec plaisir, nous le rappelions tout à l'heure, et les ornements extérieurs et les secrets ressorts. Un esprit vaut mieux qu'un insecte, mon Père : un esprit vaut tout un monde, un esprit vaut mieux qu'un monde. Vous le savez. Si donc l'art travaille à rendre visible un esprit, il fera bien; et si l'histoire cherche à suivre les démarches d'un esprit dans ces mille détails où le vulgaire ne sait voir qu'une suite d'anecdotes, et si elle tâche de saisir le principe qui donne le branle à tout, sans doute aussi elle fera bien. C'est l'œuvre de Dieu encore que nous admirerons et dans ce portrait et dans ce discours; et, s'il est vrai, comme vous l'avez dit vous-même, que les causes libres font plus d'honneur à Dieu que les causes nécessaires, quand, vous connaissant mieux, nous verrons de nos yeux, pour ainsi parler, un esprit tel qu'il n'y en a pas beaucoup et une âme d'une beauté singulière, alors il n'y aura point à nous reprocher de nous attacher trop à une créature : ce beau spectacle nous conduira droit au Créateur.

Apparaissez donc, austère et doux méditatif, appa-

1. *Médit. chrét.* Prière.

raissez, reproduit une fois de plus par un habile
artiste, et laissez-moi faire parler ce marbre. Le
sculpteur a essayé, et j'essaye de vous rendre tel que
vous étiez, avec votre caractère propre, avec les traits
particuliers de votre visage, de votre esprit, de votre
âme. Nous avons le souci d'être exacts, mais ce n'est
pas pour nous complaire dans un détail qui nous
amuse. Les grands hommes, en entrant dans un
panthéon comme celui-ci, se dépouillent de ce qu'ils
ont pu avoir de petit, d'étroit, de mesquin. C'est le
meilleur d'eux-mêmes qui subsiste, et c'est aussi le
plus vrai et l'essentiel. Ainsi, en se montrant plus
que jamais, mieux que jamais eux-mêmes, ils s'ac-
commodent pourtant à nous, hommes d'un autre
siècle, car l'excellent n'a point d'âge. Laissez-nous
donc vous contempler dans le doux et paisible éclat
de votre noble nature encore ennoblie par la grâce
du Christ, vraiment « honnête homme » au sens du
dix-septième siècle et au nôtre, grand chrétien, et
puis prenez la parole dans cette Académie qui porte
votre nom et dont vous êtes comme le président
d'honneur perpétuel. Vous qui avez initié aux secrets
des sciences Prestet et Carré, devenus, grâce à
vous, prêtres de l'Oratoire et savants distingués [1];
vous qui avez bien voulu vous mêler quelquefois des
études du jeune Saint-Simon, c'est son témoignage,
et qui lui avez laissé un impérissable souvenir par
« votre rare simplicité » et votre « piété solide »

1. Fontenelle, *Éloge de Carré.* — Mairan, *Éloge de l'abbé de
Molières.*

unies à une « si grande science[1] », vous qui n'avez
été ni un philosophe maussade et refrogné, ni un
visionnaire, ni un illuminé, comme on a pu le croire,
mais qui avez eu « une bonté accommodante », le mot
est d'un de vos amis, et un autre vous nomme
« philosophe bon cœur[2] » ; vous enfin qui, à cette
naturelle et parfaite bienveillance, avez joint un bon
sens si ferme et parfois si aiguisé, instruisez-nous
en nous parlant sans rien qui sente le système, mais
bien selon vos principes. Fontenelle a dit de vous
que « jamais philosophe n'a eu des disciples plus
persuadés ». Nous ne demandons qu'à être gagnés
par vous à la vérité et au bien.

On n'est pas assez fier de la qualité d'être raisonnable. Beaucoup de gens renoncent à la raison. On
prend pour règle la passion, la mode, l'opinion, ou
plutôt l'on n'a point de règle ; on ne veut point de
maître. C'est une folie : l'homme aura toujours des
maîtres. Cet esprit prétendu libre, qui a secoué tous
les jougs, est assujetti sans le savoir à une formule
en faveur autour de lui, et deux ou trois mots, qu'il
ne comprend pas bien, exercent sur lui un étrange
et absolu empire. Consultez, écoutez, suivez la raison. Elle vous affranchira de ces servitudes parce
qu'elle vous tiendra dans une heureuse dépendance
à l'égard de celui-là seul qui a le droit de comman-

1. *Mémoires de Saint-Simon*, éd. de M. Chéruel, in-12, t. XI,
p. 148.
2. *Journal des Savants*, 1715, et *Lettres d'André à Malebranche
et au P. Le Long*.

der à un esprit. La vérité n'est pas ce que chacun
conçoit, imagine ou désire. La vérité est indépen-
dante de nous. Notre pensée ne la fait pas : elle la
suppose. Et la vérité, notre lumière et notre loi,
qu'est-ce donc enfin sinon ce que Dieu pense et ce
que Dieu est? De sorte que c'est Dieu même qui
nous parle dans notre raison, et c'est Dieu qui est
notre véritable, notre unique Maître.

Messieurs, c'est à peu près Malebranche que nous
venons d'entendre; et si l'on peut appliquer au siècle
présent bien plus justement qu'au dix-septième ce
mot profond de Fénelon, que « nous manquons encore plus sur la terre de raison que de religion »,
combien ne sont-elles pas opportunes les leçons que
nous donne notre philosophe ! Non, nous ne savons
pas ce que vaut la raison. Malebranche disait : « Tout
le monde se pique de raison et tout le monde y
renonce[1]. » Aujourd'hui il se trouve des gens qui
se piquent de renoncer à la raison. Étrange progrès.
Le siècle commençant a mis en la raison toute sa
confiance, le siècle finissant la lui retire toute. Les
puissances qu'il révère, ses idoles, c'est la science,
c'est la critique. Rationaliste, il l'est encore, en face
de la religion; mais raisonnable, mais respectueux
de la raison, mais juste appréciateur de la force de
la raison en même temps que soumis à ses arrêts, il
ne l'est pas. Que Malebranche nous apprenne à rendre à la raison l'honneur qui lui est dû. Un philoso-

1. *Traité de morale*, I, ii, 13.

pho qui a été dans le nouvel Oratoire comme un autre Malebranche, le P. Gratry, disait il y a déjà plus de trente ans : « Il faut rétablir dans les esprits la connaissance et le respect de la raison et de ses lois. » Et encore : « Il faut rétablir parmi nous l'éducation sérieuse de la raison[1]. » Et il se plaisait à montrer, dans son beau livre de la *Connaissance de Dieu*, Platon et Aristote, saint Augustin, saint Anselme et saint Thomas d'Aquin, puis Descartes, Pascal, Malebranche, Fénelon, Petau et Thomassin, Bossuet, Leibniz, tous d'accord, anciens et modernes, philosophes et théologiens, pour reconnaître à la raison, avec des limites et des faiblesses qu'il ne faut jamais oublier, une naturelle puissance, venant de Dieu. Marquant la place de Malebranche dans ce concert, il disait : « Nul homme, autant que lui, n'a montré Dieu présent dans la raison[2]. » Instruits aujourd'hui et animés par Malebranche, prenons la résolution de restaurer dans nos esprits le règne de la raison. La liberté est à ce prix, et la lumière, la lumière dont Malebranche encore disait : « Rien n'est plus sûr. »

Alors nous saurons que tout le monde n'est pas tenu d'être savant, mais que tout le monde est tenu d'être homme de bon jugement. Chacun a donc le devoir de perfectionner son esprit. Et puis, pour ceux qui sont capables de connaissances plus hautes et plus profondes, c'est un devoir d'y prétendre.

1. *Connaissance de Dieu*, Introduction, V.
2. *Connaissance de Dieu*, 1re part., ch. VII.

Notre qualité d'êtres raisonnables nous donne le désir de comprendre les choses, et par le travail de la science nous y parvenons quelquefois. Cette satisfaction et le labeur qui la procure sont conformes, l'une à notre nature en sa primitive pureté, l'autre à notre condition actuelle. Tenons donc les sciences en grand honneur, et employons-nous à les faire avancer, si nous en avons la force. Mais sachons mettre entre les sciences un ordre, et souvenons-nous que l'essentiel c'est d'être homme.

Quoi que l'on fasse, il faut tenir son esprit au-dessus de son ouvrage, comme disait le père de Pascal. Les sciences sont excellentes, plus excellent est l'esprit. La raison veut que par les sciences l'homme étende ses lumières et ses conquêtes. Elle lui interdit d'oublier jamais sa dignité, ses destinées, ses devoirs. Fait pour la vérité et le bien, fait pour Dieu, il n'a pas le droit de traiter son esprit comme un outil, et si l'étude même devient un métier qui le prend jusqu'à lui faire perdre le sentiment de sa nature et la vue de sa fin, mauvaise est l'étude : l'ordre est violé, et ce n'est jamais impunément.

C'est encore pour obéir à la raison que nous nous appliquerons à ne point charger notre mémoire, ni surtout celle des enfants, de mille faits peu utiles. « L'âme se grossit et s'étend par la multitude des faits dont on a la tête pleine. » Vous entendez ici les paroles mêmes de Malebranche. Prenons garde, « l'esprit, — c'est toujours Malebranche qui parle, —

l'esprit n'est guère alors rempli que de vide, ou de
choses assez inutiles ; et il s'imagine avoir autant
d'étendue, de durée, de réalité que les objets de sa
science. Il se répand dans toutes les parties du
monde ; il remonte jusqu'aux siècles passés ; or, au
lieu de penser à ce qu'il est lui-même, et dans le
temps présent, et à ce qu'il sera dans l'éternité, il
s'oublie, et son propre pays, pour se perdre dans un
monde imaginaire, dans des histoires composées de
réalités qui ne sont plus et de chimères qui ne furent
jamais[1]. »

Est-ce donc « qu'il faille mépriser l'histoire ? Non
pas. Mais c'est qu'il faut étudier les sciences dans
leur rang[2]. » C'est un noble privilège de l'homme
de pouvoir retourner en arrière, ressaisir le passé
qui ne fut jamais pour lui, le ressusciter, se le rendre
présent et s'y rendre présent lui-même. On sait, à
l'Oratoire, ce que vaut cette science et ce que vaut cet
art, et le P. Lecointe, le P. Le Long, le P. Morin, ont
ici des successeurs. Je les vois, je les salue avec
vous, Messieurs. Comme les doctes et aimables con-
frères du P. Malebranche, ils ont essuyé le feu de
ses railleries ; mais, comme eux aussi, ils sont inca-
pables de lui en vouloir. N'est-ce pas l'un d'eux,
membre de la Société des Antiquaires de France,
épigraphiste consommé, en même temps qu'esprit
fin et charmant[3], qui est venu, avec votre Supérieur,

1. *Traité de morale*, II, x, 13.
2. *Traité de morale*, II, x, 14.
3. Le R. P. Thédenat.

me convier à cette fête et me demander cet éloge ?
Vous avez raison, mes Pères, de ne point garder ran-
cune à Malebranche. Il a dit : Il ne faut pas mépriser l'histoire. Je me figure que, témoin aujourd'hui
de merveilles dont il ne se doutait pas, il admirerait
comme vous, comme nous, l'homme prenant possession de tous les temps, ce qui convient bien à un
être immortel ; car c'est sans doute un effet et comme
une imitation de cette immortalité foncière de l'âme
humaine que la puissance qu'a l'homme, en préparant
l'avenir par les générations nouvelles qu'il introduit
dans le monde et par les idées qu'il y jette, de ré-
parer le passé par l'histoire, en sorte que tout se
ramasse dans le raccourci de la pensée. Malebranche,
ce me semble, reconnaîtrait ce qu'il y a là de grand,
et il dirait avec une force nouvelle : Il ne faut pas
mépriser l'histoire. Mais il continuerait aussi de
dire : Il faut étudier les sciences en leur rang, et il
aurait raison.

Enfin, notre qualité d'êtres raisonnables se retrouve jusque dans la foi. Dans les sciences, on se
rend à l'évidence ; dans l'ordre de la foi, on se rend
à l'autorité, et à une autorité infaillible, ce qui est
souverainement raisonnable. Et puis l'on s'applique
à « répandre sur les vérités de la foi cette lumière
qui sert à rassurer l'esprit et à le mettre bien d'accord avec le cœur ». On ne renonce pas à la raison
pour être chrétien, on lui obéit encore en obéissant
à l'autorité de l'Église ; et n'est-ce pas le même
Maître qui parle dans la raison et dans l'Église ? La

Sagesse éternelle, le Verbe incarné, voilà notre Maître. Mais « on ne prend pas les opinions de quelques docteurs, de quelques communautés et même d'une nation entière, pour des vérités certaines ». Et, d'autre part, à l'égard des sentiments des philosophes, « on ne s'y rend jamais entièrement que lorsque l'évidence y oblige et y force ». Ainsi l'on conserve partout « la qualité de raisonnables », l'on assure la parfaite liberté de l'esprit, et l'on rend sans cesse honneur et obéissance au seul Maître qui ait autorité sur l'homme, Dieu [1].

Nous avons écouté, Messieurs, Malebranche devenu présent parmi nous ; et, nous conformant à un conseil bien souvent répété par lui, nous avons médité les leçons de la raison pour nous les appliquer. Il ne blâmerait plus, n'est-ce pas, ni l'artiste qui a si heureusement reproduit sa ferme et fine figure, ni l'humble admirateur de son génie qui a essayé de traduire ce que sa présence ici doit nous dire. Saluons-le dans cette salle où il est en si noble compagnie, Bérulle et Bossuet, Villars et Berwick, le chancelier Pasquier et Berryer : vos commencements, Messieurs, et votre progrès ; votre fondateur et le plus glorieux de vos hôtes ; et puis vos élèves, de grands capitaines, et des hommes non moins vaillants qui ont lutté par la parole : les voilà faisant fête à Malebranche, et tous applaudissent avec vous cette parole qui est de lui :

1. *Entret. métaph.*, XIV, 13.

« Il faut être homme, Chrétien, Français, avant
d'être grammairien, poète, historien, étranger[1]. »

C'est bien là ce que ce buste vous redira toujours,
et n'était-ce pas déjà comme la devise de cette
Maison ?

1. *Traité de morale*, II, x, 14.